AF342758

CAMPAGNE DES CENT-JOURS

COMBAT DE RODEMACK

SOUVENIR PATRIOTIQUE AUX DÉFENSEURS DE CE FORT

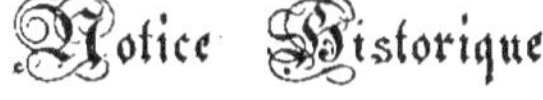

Notice Historique

TOUL

IMPRIMERIE D'AUGUSTE BASTIEN, RUE DE FOY, 11

1858

CAMPAGNE DES CENT-JOURS

COMBAT DE RODEMACK

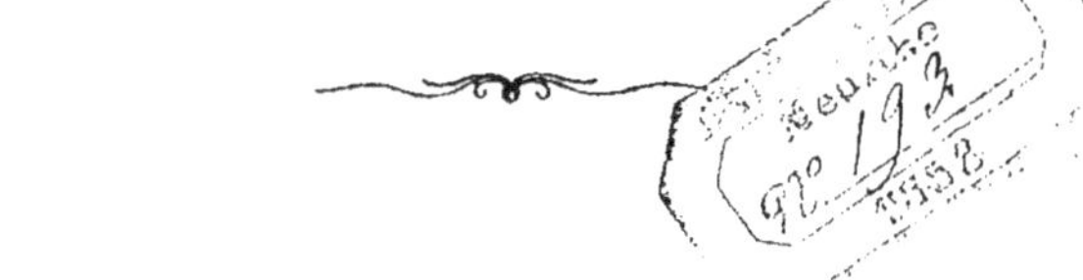

1858

TOUL. — Imp. de A. BASTIEN.

COMBAT DE RODEMACK

SOUVENIR PATRIOTIQUE AUX DÉFENSEURS DE CE FORT

NOTICE HISTORIQUE

PREMIÈRE PARTIE.

Le bourg de Rodemack est situé à quinze kilomètres en avant de Thionville, du côté et près de la frontière, vis-à-vis la forteresse de Luxembourg. Il est donc vedette, sentinelle avancée sur ce point important du territoire français.

Le fort de Rodemack, dont l'origine remonte au moyen-âge, est bâti sur un terrain escarpé et inaccessible dans toute sa partie orientale, au pied de laquelle se trouve la localité de ce nom, qui est entourée d'une simple muraille sans terrassement. L'autre partie est protégée par des remparts, ayant une seule issue débouchant à niveau sur une vaste plaine, et une poterne livrant passage aux piétons vers le bourg. A gauche de cette plaine se trouve un vallon dans le fond duquel on a pratiqué une chaussée aboutissant à la route de Luxembourg à Thionville. Une des deux portes de Rodemack, dite de Thionville, défend l'entrée du bourg de ce côté. La configuration du château de Rodemack est en raccourci ce qu'est celle de la forteresse de Luxembourg ; cependant et, malgré ce rapprochement, on n'avait pas jugé convenable d'utiliser sérieusement ce fort pendant les premières guerres de la Révolution française, et de s'abriter derrière ses murailles en ruines. Une épaisse forêt relie ce château à la place de Thionville.

A l'époque des Cent-Jours, les gardes-nationaux des départements de la Meurthe, de la Moselle et des Vosges, mobilisés aux termes du décret impérial du 10 avril 1815, furent exclusivement chargés, au nombre d'environ douze mille, de la défense de Thionville.

La troupe à peine réunie, vers le 15 mai, M. le général Hugo, gouverneur de la place, déclara l'état de siége, et jugea à propos, peu de temps après, d'occuper le fort de Rodemack, et d'appeler l'historien de ce fait militaire aux fonctions de Commandant d'armes de ce fort, fonctions qu'il dut cumuler, mais pour certains cas seulement, avec celles de Commissaire impérial près le conseil de guerre permanent qui lui avaient été déférées lors de la récente formation de ce conseil.

La petite garnison de ce même fort se composait de trois compagnies de gardes-nationaux fortes ensemble de 350 hommes et de 100 douaniers. Deux de ces compagnies, dont l'une, la première de grenadiers, était commandée par le rédacteur de cette notice, faisaient partie du 4ᵉ bataillon de la Meurthe, organisé à Toul, (1) et la troisième appartenait au département de la Moselle.

Cette troupe était à la vérité pourvue de bons fusils, mais elle n'était protégée que par des parapets en ruines et par deux pièces

---

(1) Le Président de la Commission établie à Toul, où elle organisa le 4ᵐᵉ bataillon de la Meurthe, fut M. CHODRON, aide de camp du Maréchal Ney, et gouverneur de la Place en 1814. C'est à l'énergie de ce brave officier, ainsi qu'à son administration éclairée, que, dans ces temps difficiles, les Toulois durent en partie leur salut. Honneur et reconnaissance à ce guerrier que les hommes sérieux de l'époque ont su comprendre et apprécier.

d'artillerie dont l'une, dite de marine, d'un fort calibre, reposait sur un affût fixe et ne pouvait soutenir son feu que dans une seule direction ; seulement, à l'aide d'un coin, il était possible d'en rapprocher ou d'en éloigner la portée.

Fière de la mission importante qui lui était confiée et se trouvant ainsi assimilée à l'armée régulière, la garnison fut solennellement installée par M. le comte de Varda, ancien colonel du 96ᵉ régiment de ligne, gouverneur du fort, ayant sous ses ordres M. Martin, chef de bataillon d'infanterie, officier de place chargé de la direction du service.

C'est avec cette poignée de défenseurs que le 24 juin 1815, à trois heures du matin, le fortin de Rodemack fut attaqué par un corps d'armée prussien sorti de Luxembourg, fort de huit à dix mille hommes, flanqué de dix pièces d'artillerie, de cavalerie, etc.

L'ennemi se range en bataille à environ cent mètres, devant le front de la place. Un combat acharné s'engage aussitôt et dure pendant quatre heures.

Les assaillants opèrent diverses manœuvres ayant pour but l'escalade, et trois fois le feu bien nourri de la garnison les force à rétrograder. Une vingtaine de sapeurs, appuyés par un corps considérable d'infanterie, fait les derniers efforts pour enfoncer la porte devant laquelle ils se trouvaient. Peines inutiles ! Un feu plongeant et sortant de la partie méridionale du fort, une grêle de grenades à la main, qui en tombe, éloignent l'ennemi, lequel n'est plus tenté de revenir à la charge sur ce point. Dès le commencement de l'action, une pièce d'artillerie ennemie est pointée sur le pont-levis à bascule, seule issue par laquelle il était possible d'entrer de plein-pied dans le fort. Une des chaînes de ce pont est rompue par un boulet, l'autre n'est point atteinte ; véritable ancre de salut, elle maintient heureusement l'équilibre de notre providentielle barrière. Nos deux pièces d'artillerie fonctionnent à merveille, bien que celle dite de marine ne puisse balayer la plaine que dans une seule direction, que ces pièces soient distantes l'une de l'autre d'environ cent mètres, qu'il faille monter une vingtaine de marches pour arriver à l'une d'elles, et qu'elles soient dirigées et manœuvrées par un seul homme, le sieur Martin, du village de Moutrot, ancien sous-officier d'artillerie, décédé il y a seulement quelques années. Mais pendant que les deux pièces du fort, établies comme nous avons dit, envoient la mort dans les rangs ennemis du côté où elles portent, du côté opposé un corps d'infanterie prussienne pénètre dans le bourg de Rodemack, dont les issues par lesquelles la garnison du fort aurait pu s'échapper, sont immédiatement fermées et gardées par plusieurs escadrons de cavalerie. Une fusillade très-vive est envoyée vers le fort par une partie de l'infanterie des assaillants, tandis que l'autre partie se répand dans les maisons pour s'y livrer au pillage et à l'orgie. Cette fusillade, fort peu dangereuse pour les assiégés qui la recevaient de bas en haut, ne faisait que les animer d'avantage et les provoquer à de terribles représailles : retranchés derrière les murailles du fort, et ne paraissant aux ouvertures qu'à bon escient et à la façon de nos zouaves à Sébastopol, ils envoyaient leurs balles du haut en bas, au grand détriment de leurs imprudents et maladroits provocateurs.

Ce fut pendant une station de quelques heures dans Rodemack, qu'ils proclamèrent le résultat de la journée de Waterloo, encore ignoré par les Français du fort, et annoncèrent qu'ils reparaîtraient le lendemain, pour en finir, ajoutant que la garnison, ne faisant pas partie de l'armée, serait impitoyablement passée par les armes.

A de telles menaces se bornèrent les exploits guerriers de ces braves prussiens dans le bourg où ils étaient entrés, à moins qu'ils n'entendent inscrire dans leurs annales militaires l'enlèvement du drapeau français flottant sur le clocher de l'église. Effectivement, le gardien des clefs du clocher ayant pris peur et fuite, les avait abandonnées en sa maison ; un soldat prussien s'en étant emparé, monta jusqu'au comble de la tour d'où il enleva ce drapeau.

Un ordre supérieur fit bientôt réunir toute la troupe ennemie, qui se retira sans plus rien tenter contre le fortin si vaillamment défendu, si heureusement conservé. Les caissons qu'il avait amenés pour charger un butin sur lequel il comptait, ne lui servirent qu'à transporter ses blessés et ses morts. Encore en laissa-t-il plusieurs que nous relevâmes nous-mêmes, pour leur donner soit les secours que réclamait leur état, soit une honorable sépulture.

C'est à l'intelligence et à l'activité fiévreuse du sous-officier Martin qu'il convient d'attribuer en partie le succès de cette journée. Toutefois, et pour rendre hommage au mérite de chacun, nous ajouterons qu'il rencontra un auxiliaire non moins brave que lui dans la personne de l'artilleur Pettinger, garde national de la Moselle.

Un des généraux commandant le siége est grièvement blessé : son cheval, avec l'instinct qui distingue son espèce, une fois libre, au lieu de rester avec ses protecteurs naturels, s'enfuit, s'appuie au pied des remparts et devient bientôt le trophée vivant des défenseurs du fort. Enfin, l'ennemi renonce à ses attaques, et ne craignant pas d'être inquiété par les assiégés se retire en bon ordre, sans emporter les munitions de guerre et le matériel dont il espérait s'emparer.

Pendant les quatre heures qu'a duré l'action, l'ennemi n'a pas remarqué que son feu était trop rapproché du front de la place, que la déclivité du sol lui était défavorable, et que les innombrables projectiles qui s'échappaient de ses rangs se perdaient obliquement dans l'espace. Sans ces heureuses circonstances, la garnison qui n'eut à regretter qu'un sergent tué et dix fusiliers blessés, était promptement mise hors de combat ; le fort était emporté et l'ennemi triomphait.

Une autre circonstance révèle encore l'impéritie des assaillants. On sait que la pièce de marine ne pouvait diriger son feu que dans une seule direction. Pendant la durée de l'action, le chef du corps placé en face de cette pièce, faisant, suivant les phases du combat, avancer ou reculer sa troupe, toujours en resserrant les rangs, n'a pas deviné que les soldats qu'il plaçait dans cette ligne mortuaire disparaissaient aussitôt qu'ils y étaient entrés. Ces deux faits expliquent en petit à quoi tiennent souvent les chances de la guerre.

Quelques jours après, la petite garnison de Rodemack fut rappelée à Thionville, où le cheval du général ennemi joua un grand rôle dans les ovations qui nous furent solennellement faites par la troupe et la population tout entière de cette ville.

Une correspondance active et des pourparlers eurent bientôt lieu entre les généraux ennemis et le général Hugo, ancien aide-de-camp du roi Joseph, cet écrivain remarquable par ses ouvrages sur la défense des places, et avec lequel le rédacteur de cette notice s'honore d'avoir conservé des relations amicales jusqu'à sa mort. Il a souvent, dans ses conversations intimes, rappelé le combat de Rodemack, et l'impression si inattendue qu'il avait produite sur les étrangers.

C'est nécessairement à cette impression du moment qu'il faut attribuer le fait important qui suit et qui est parvenu, depuis quelques années seulement, à la connaissance du soussigné. On lui a assuré que les traités inter-nationaux survenus après la désastreuse campagne de 1815, avaient rangé le fort de Rodemack sur le même plan que celui de Huningue, c'est-à-dire que ces traités avaient stipulé que l'un et l'autre seraient démolis.

Depuis l'époque lointaine des Cent-Jours, le récit du fait d'armes de Rodemack a bien souvent retenti à l'oreille des habitants de l'ancienne Lorraine, principalement de la classe dite des paysans, tant glorifiée par les proclamations de S. M. Napoléon Ier, à cause du courage dont elle a fait preuve dans les campagnes de 1814 et 1815. Récemment, lors de la distribution des médailles commémoratives de Sainte-Hélène, les survivants de la garnison de Rodemack, malgré leur petit nombre, ont produit à Toul, où ils étaient appelés pour recevoir ces médailles, par la narration faite à leur manière simple, mais énergique, de leur triomphe sur un corps d'armée aussi considérable, une très-vive et patriotique sensation. Antérieurement, même sous la Restauration, ce souvenir a été ravivé par les journaux et les annuaires de l'Est de la France. Toujours, en Lorraine, le fait d'armes de Rodemack a été qualifié de mémorable, et rangé en première ligne parmi ceux qui ont particulièrement fixé l'attention.

Ne serait-il pas convenable que l'*Histoire du Consulat et de l'Empire* fît mention de cet exploit guerrier? C'est à l'illustre historien de cette phase de nos annales qu'il appartient de décider la question.

DEUXIÈME PARTIE.

La deuxième partie de la Notice sur le combat de Rodemack est principalement consacrée à la reproduction de quelques pièces justificatives. Elle donnera ensuite quelques détails sur ce qui se passait dans la place de Thionville le 25 juin 1815, et sur l'esprit public de la Lorraine à l'époque des Cent-jours. Elle sera terminée par la narration de la mort violente du prince de Wagram.

Les pièces justificatives émanent :

1° Des archives historiques du Ministère de la guerre ;

2° De la mairie du bourg de Rodemack ;

3° De la Statistique historique du département de la Moselle ;

4° De la préfecture du département de la Moselle.

PIÈCES JUSTIFICATIVES.

N° 1.

Archives historiques du ministère de la Guerre.

EXTRAIT DES RAPPORTS DES GÉNÉRAUX HUGO ET BELLIARD, GOUVERNEURS DES PLACES DE THIONVILLE ET DE METZ.

Thionville, 24 juin 1815.

.... Rodemack a été attaqué ce matin par environ trois mille hommes, quatre pièces de canon et deux obusiers. La garnison, composée de gardes nationales de la Moselle et de la Meurthe, s'est très-bien défendue. Le feu, d'abord très-vif, s'est ralenti jusque vers six heures et demie, qu'il a entièrement cessé. Deux cent cinquante coups de canon ont été tirés de part et d'autre. Notre perte est d'un sergent tué et deux hommes blessés. Celle de l'ennemi peut s'élever à une cinquantaine de tués ou blessés. Huit de ces derniers sont restés en notre pouvoir.   Signé : HUGO.

Thionville, 25 juin 1815.

.... Selon les prussiens, leur perte devant Rodemack s'élève à deux cent cinquante hommes ; selon les paysans, à cinq cents.

J'ai envoyé une compagnie de plus à ce poste.   Signé : HUGO.

Metz, 5 août 1815.

Vers la fin de juillet, Rodemack fut de nouveau bloqué par les troupes prussiennes, qui tentèrent sur ce poste une nouvelle attaque également repoussée.

.... Votre Excellence verra, par le rapport du général Hugo, que le siége de Rodemack est levé. La garnison de ce petit fort a fait merveille pour la seconde fois, et j'ai l'honneur de prier votre Excellence DE DEMANDER LES BONTÉS DU ROI POUR ELLE. (1)

Signé : BELLIARD.

---

(1) Ces documents ont été recueillis, avec l'autorisation du Ministre de la guerre, par M. Léopold de Laville, et remis au rédacteur de la Notice sur Rodemack, son oncle, quelque temps avant son départ pour l'armée d'Orient. Il était alors sous-chef d'état-major de la division de l'armée de Paris, commandée par M. le général Saint-Arnaud qui, bientôt après, devint ministre de la guerre. Cette courte explication suffit pour donner à ces documents l'autorité désirable ; ils portent d'ailleurs en eux-mêmes un caractère d'authenticité qui ne peut être contesté. M. le colonel de Laville, chef d'état-major d'une division d'infanterie, a été tué à la prise de Sébastopol, et sa mort a été annoncée par M. le comte de Potier, fils de l'ancien général de ce nom, son proche parent. La lettre de cet officier supérieur, dont l'origine est toute lorraine, adressée au rédacteur de la Notice sur Rodemack, fait trop d'honneur à son auteur, comme à la mémoire de celui que nous regrettons mèrement et auquel, il faut le répéter, nous devons les

N° 2.

Mairie de Rodemack.

Bien du temps s'est écoulé depuis le combat de Rodemack : cependant la Notice sur ce fait d'armes a été faite de mémoire et rédigée d'après les seules inspirations de son auteur. Une épreuve de cette Notice a été adressée à M. le Maire du bourg de ce nom, avec prière de communiquer ses observations sur la description topographique des lieux et sur les phases que l'action a parcourues.

Voici la réponse de ce fonctionnaire.

Rodemack, le 6 juillet 1858.

MONSIEUR LE COMMANDANT,

Je m'empresse de vous transmettre les renseignements que j'ai pu recueillir sur le combat de Rodemack, pendant les Cent-Jours, et sur le

---

renseignements qui précèdent, pour que sa publication puisse être considérée comme étrangère à cette Notice.

Voici cette lettre :

Tchernaia, 12 septembre 1855.

Mon cher Monsieur,

Je suis fâché que la première relation écrite que j'ai l'honneur d'avoir avec vous, se rattache à un malheur commun.

J'ai perdu l'un de mes meilleurs amis et parents, et vous, le plus cher de vos alliés.

Léopold est mort le 10 septembre, à 11 heures du matin, de la blessure qu'il a reçue le 8, à l'attaque des redans de droite. Je l'ai vu, quand au milieu de l'action, on le transportait, et que j'allais moi-même avec mon régiment attaquer Malakoff. Le 9, dans la journée, en descendant de Malakoff, où j'avais passé le 8 et la nuit, j'ai été le voir à l'ambulance. Il était calme, mais avait, je crois, la conscience de son état désespéré. Une balle l'avait frappé au bas-ventre et était ressortie par derrière. La blessure était mortelle.

siége qui l'a suivi. Ces renseignements ont été fournis par des personnes qui, pour la plupart, ont pris part à l'action ou étaient employées au fort, soit comme infirmiers, soit comme bouchers ou comme domestiques. Ces hommes étant encore dans la force de l'âge et les faits racontés par eux étant identiquement les mêmes, on peut donc, sans hésiter, croire à leur véracité et les déclarer authentiques.

La Notice que vous m'avez fait l'honneur de me transmettre a été lue, avec la plus grande satisfaction, par les notabilités de ce bourg, et par six de vos anciens compagnons d'armes, médaillés de Sainte-Hélène, qui étaient réunis hier pour recevoir de mes mains cette marque de distinction.

Je prends la liberté de vous offrir, au nom de cette localité, l'hommage de nos sentiments de profonde et sincère reconnaissance pour votre intéressant travail, qui montre de quels sentiments patriotiques vous êtes animé et quels bons souvenirs vous avez gardés de Rodemack qui, sans vous, serait tombé dans l'oubli et n'aurait conservé de ses anciennes gloires que les hauts murs qui ont abrité tant de braves.

Monsieur Emeringer, votre hôte, adjoint de Rodemack à l'époque des Cent-Jours, est décédé depuis assez longtemps ; mais son fils, qui avait alors quinze ans, habite Rodemack, dont il est l'un des plus res-

---

Hier 11, je l'ai conduit moi-même à sa dernière demeure. Je lui ai fait faire un cercueil, j'ai fait dire une messe et un service, et je suis parti avec un de ses capitaines le conduire au cimetière du grand quartier général, où j'ai fait creuser une fosse pour lui seul, à côté du colonel Cassaigne, également tué dans la journée du 8. J'ai fait mettre une croix sur sa tombe, et en ce moment je lui fais confectionner une pierre.

Je vous donne tous ces tristes détails pour vous convaincre que je n'ai rien oublié et que j'ai agi en homme qui perd son meilleur ami. Car vous n'êtes pas sans ignorer que les officiers et soldats morts sont toujours jetés pêle-mêle, tout habillés, dans d'immenses trous qui engloutissent ainsi sept ou huit cents cadavres, et que l'on couvre de chaux vive.

De Laville a été enterré comme un homme mort en France, et non comme nous le sommes ici.

pectables habitants ; il m'a dit vous avoir très-bien connu, et m'a prié de le rappeler à votre bon souvenir.

La description que vous avez faite du fort et du bourg de Rodemack est d'une étonnante exactitude. Je vous transmets le plan des lieux, tels qu'ils existaient en 1815.

Les assiégeants comptaient six à sept mille hommes de troupes prussiennes, qui étaient sorties de Luxembourg sur la description du peu de défense du fort qui leur avait été faite par un habitant d'Aspelt (aujourd'hui grand-duché de Luxembourg). Ce traître, personnage distingué de son village, insinua aux chefs de la garnison de Luxembourg qu'en prenant le fort de Rodemack ils feraient un riche butin, tant en vivres qu'en munitions, ce qui était très-juste, car la place était très bien approvisionnée. C'est ce qui explique parfaitement le nombre considérable de chariots que l'armée ennemie traînait à sa suite.

Pauvres prussiens ! ils furent cruellement trompés dans leurs espérances, car au lieu d'être chargés des dépouilles du fort de Rodemack, ils n'eurent pour tout trophée à présenter aux Luxembourgeois que les débris de leur armée et des voitures remplies de blessés et de morts. CES DERNIERS ÉTAIENT AU NOMBRE DE 350 A 400. Tous ont été enlevés par l'ennemi, à l'exception de six ou sept qui sont restés au pied des remparts. Le nombre des blessés nous est inconnu, mais il était très-considérable.

A l'attaque du 24 juin, une batterie avait été établie par l'ennemi près du bois de Puttelange, à environ 2 kilomètres au nord du fort ; mais au bout de quelques instants, un de vos artilleurs du nom de Pettinger, natif d'Alzing, grand-duché de Luxembourg, l'eut démontée, et le corps prussien qui occupait ce point se rapprocha de Rodemack. Pendant le court trajet à faire pour atteindre la porte de Sierck, au levant du fort, la pièce qui avait déjà fait merveille en démontant leur batterie, leur devint plus fatale encore ; en vomissant de la mitraille dans leurs rangs, elle y porta l'épouvante et la mort, et les éclaircit considérablement. De là, en partie, le grand nombre de morts dont j'ai parlé plus haut.

Après votre départ, la garnison fut remplacée par d'autres gardesnationaux, et les ennemis revinrent bientôt au nombre de dix mille hommes environ. Mais cette fois, les issues de la ville étaient fermées par des portes neuves et solides : ils ne purent introduire un corps d'infanterie et s'emparer du drapeau qui flottait sur l'église, comme ils avaient fait le 24 juin : ils dûrent se résigner à en faire le siége (15 juillet), et voulurent, par la famine, forcer le fort et la ville à se rendre. Au bout du septième jour, un parlementaire se présenta à la porte de Thionville, fut conduit d'abord chez M. Emeringer, votre hôte, qui remplissait alors les fonctions de maire. Ayant demandé la reddition de la ville, le gouverneur du fort, M. le colonel de Varda, se contenta de lui répondre par ces seules paroles : « Voyez, Monsieur, les prussiens ne nous ont pas encore fait grand mal, et à moi particulièrement, car je n'ai pas une égratignure. »

Deux jours après, le siége était levé sans combat.

Le Maire de Rodemack,

NILÈS.

N° 3.

Extrait de la Statistique historique du département de la Moselle.

On a déjà vu que les traités inter-nationaux prescrivaient la démolition du fort de Rodemack.

Il a été impossible de se procurer au Ministère des affaires étrangères un extrait de ces traités : leur absence aurait laissé sans justification un des points les plus importants de cette Notice ; mais heureusement, la Statistique historique du département de la Moselle, dans sa partie supplémentaire de 1852, vient combler cette lacune.

On lit dans cet ouvrage :

Le 25 avril 1707, Joseph, comte de Custines, acquérait la seigneurie de Rodemack. Cédée à la France par le traité de Nimègue en 1678, Rodemack a été démantelé en 1815, par suite du traité de Paris.

Les prussiens, le 24 juin 1815, avaient subi un grave échec sous les murs de cette petite forteresse, défendue par quelques vétérans et des gardes-nationaux. Il ne reste plus que des pans de murailles qui dominent la gorge dans laquelle est bâti le bourg de Rodemack, et une porte, ancien souvenir de la splendeur de ce bourg.

Lorsque les commissaires étrangers se présentèrent devant le chétif fortin de Rodemack, pour en opérer la destruction, après avoir comparé cette bicoque avec la place imposante de Huningue, on assure qu'ils se crurent le jouet d'une illusion, d'un véritable mirage. Mais enfin, lorsqu'ils eurent constaté l'identité des lieux, il fallut bien passer outre à l'exécution du mandat gouvernemental qu'ils avaient reçu.

N° 4.

Préfecture du département de la Moselle.

Extrait du dictionnaire historique de M. de Viville, secrétaire général de cette préfecture. (1817)

En 1792, le lieutenant-colonel Laharpe commandait le château de Rodemack, lors de l'invasion des prussiens en Champagne. Laharpe sommé de se rendre, assembla sa garnison et ne lui dissimula point les dangers qu'elle courait. « Mais, lui dit-il, si la résistance devient « impossible, c'est en faisant sauter une partie du fort que nous nous « ferons jour le sabre à la main, à travers l'ennemi. Si cette ressource « nous est refusée, pour ne point être pris vivants et les armes à la « main, laissons entrer l'ennemi et faisons que les débris du fort de- « viennent notre commun tombeau. » Le maréchal Luckner secourut cependant Rodemack à temps, et en protégea l'évacuation sur Thionville.

Le 24 juin 1815, un corps d'armée prussien se présenta devant ce château avec de l'artillerie, pensant l'emporter de vive force, parce qu'il n'était défendu que par 350 gardes nationaux d'élite ; la garnison se défendit avec le plus grand courage et avec succès ; les assaillants se retirèrent avec une perte de 285 hommes. CETTE BELLE ACTION RETARDA L'INVESTISSEMENT DE THIONVILLE, ET EMPÊCHA, PEUT-ÊTRE, QUE CETTE VILLE N'ÉPROUVAT LE SORT DE LONGWY.

Détails historiques.

M. le général Hugo, en donnant au rédacteur de cette notice le commandement de la troupe destinée à occuper Rodemack, cette sentinelle perdue de la place de Thionville, ne lui dissimula pas que ce petit poste militaire ne manquerait probablement pas d'être bientôt inquiété. Aussi ses instructions prescrivaient-elles de faire bonne garde dans le fort, d'étendre des investigations bien soutenues vers la forteresse de Luxembourg, par laquelle l'ennemi devait nécessairement déboucher, et de lui donner aussitôt avis des informations qui pourraient être recueillies. Il lui apprit que son logement était préparé chez M. Emeringer, adjoint au maire du bourg ; qu'il fallait avoir la plus grande confiance dans l'intelligence et le dévoûment de ce fonctionnaire, et que son concours serait d'une grande utilité dans la recherche des renseignements qu'il s'agissait d'obtenir. Pour rendre témoignage à la vérité et à la mémoire de ce courageux citoyen, il est juste de dire ici qu'il a su réaliser toutes les prévisions du général.

Le 23 juin, veille du combat, l'ennemi, à notre insu, était en marche sur Rodemack. Cependant la petite garnison du poste, dans sa quiétude ordinaire, sous ses blouses gauloises décorées des couleurs nationales, se plaisait, comme de coutume, à écouter les récits fastueux que faisaient les anciens soldats qui figuraient en assez grand nombre au milieu d'elle, et bien souvent à en profiter.

C'est dans cet état de calme et d'insouciance militaire, que ce

même jour, 25 juin, quelques instants après le coucher du soleil, une estafette, allant à toute bride, apparut à l'horizon
et se présenta bientôt, réclamant à haute voix le gouverneur et
le commandant d'armes de la place.

Ce dernier, après avoir lu la dépêche laconique qui lui était
destinée, ne crut pouvoir mieux faire, attendu l'urgence commandée par la brièveté du temps, que d'en donner immédiatement lecture à la troupe, qui, dans quelques secondes, se trouva
groupée autour de lui, les officiers formant, bien entendu, le
premier cercle. Cette lecture terminée, un cri formidable de
« *Vive l'Empereur!* » éclata dans l'air et porta son écho assez
loin pour que la garnison du fort de Sierck, (1) composée également
de gardes nationaux, inspirée d'un même sentiment patriotique,

---

(1) Le fort de Sierck, bâti sur un point culminant qui domine toute la
contrée, est éloigné de Rodemack, à vol d'oiseau, de moins de huit
kilomètres.

Deux jours après le combat, une partie des officiers et des sous-
officiers de la garnison de Sierck, sachant que l'ennemi avait évacué la
contrée, vinrent féliciter leurs camarades de Rodemack. Ils leur apprirent que, du haut de leur observatoire, tel fut le terme employé, ils
avaient pu suivre de l'œil toutes les phases qu'avait parcourues l'action,
et qu'à chacune de celles-ci ils avaient applaudi aux succès dont ils se
trouvaient ainsi les témoins. Ils leur apprirent en outre que, d'une voix
unanime, il avait été décidé qu'un conseil de guerre serait à l'instant
convoqué, à l'effet d'examiner la question de savoir si la garnison de
Sierck arriverait au secours de celle de Rodemack; mais que le calme qui
avait dû présider à une délibération aussi solennelle et prise dans une
pareille conjoncture, avait fait décider négativement cette question; enfin que l'arrêté du conseil avait été rendu sur le triple fondement
de la garde de leur propre fort, du petit nombre de combattants dont
il était possible de disposer, et du péril imminent qu'il y aurait à attaquer

acclamât par voie d'imitation électrique, le même salut de : *Vive l'Empereur!*

La dépêche qui venait d'être reçue, écrite de la main du général Hugo, était conçue dans les termes suivants :

« Attendez-vous à être attaqué cette nuit : que chacun con-
» naisse le poste qu'il doit occuper, et que la surveillance la
» plus exacte ait lieu partout. Faites bonne contenance, J'ARRI-
» VERAI A TEMPS POUR VOUS SECOURIR. »

Le lecteur a vu, à la page 5 de la première partie de cette notice, que le feu a commencé à trois heures du matin; il a également vu comment la garnison s'est comportée pendant l'attaque. Arrivons maintenant à ce qui s'est passé après le combat.

Comme on l'a dit, des troupes ennemies avaient été chargées, pendant l'action du 24 juin 1815, de surveiller les habitants du bourg de Rodemack, d'annoncer que les assaillants se représenteraient bientôt et que la garnison n'étant pas composée de troupes régulières, serait passée par les armes.

En apprenant quel était le sort dont les menaçaient ceux qu'ils venaient de repousser, les défenseurs du fort, la plupart pères de famille, partagèrent, il faut bien l'avouer, l'émotion dont la population du bourg avait été si péniblement affectée. Aussi, à l'appel du soir, la troupe manifesta la plus grande agitation, et refusa de se soumettre à cette mesure disciplinaire. Sur les vives observations du narrateur de ces faits, l'appel eut cependant lieu. Mais de toutes parts, s'élevèrent des voix réclamant du renfort, annonçant que la garnison déserterait en masse si elle n'était point secourue et appuyée par des forces considérables.

---

en rase campagne des forces aussi imposantes que celles qu'ils avaient sous les yeux. Un banquet patriotique, donné sur le gazon du fort, dans lequel les toasts ne furent pas épargnés, termina l'entrevue cordiale des deux garnisons.

Dans cet état moral des choses, et l'abandon de la place paraissant imminent, il fallut bien transiger avec cette espèce de révolte, et faire savoir qu'un jeune officier de la Moselle, qui s'était distingué quelques jours auparavant à la tête d'une patrouille de reconnaissance, allait être envoyé à Thionville pour réclamer une augmentation de garnison. Nouveau tumulte : l'intervention de l'officier est bruyamment refusée, et tous déclarent que le commandant d'armes du fort peut seul accomplir efficacement une pareille mission. Il fallut céder encore. Mais comment arriver à Thionville ? L'ennemi venait bien de quitter le terrain et de disparaître. Quelle direction avait-il prise? On croyait généralement qu'il s'était dirigé sur cette place. La journée avait été inutilement employée à la recherche d'un habitant du pays qui aurait pu remettre au général Hugo les dépêches annonçant le résultat du combat. Tous craignaient, tout au moins, d'être faits prisonniers. Aucun militaire de la garnison, d'ailleurs, ne connaissait assez la forêt profonde qui sépare les deux places. La difficulté était donc grande. Elle fut levée dans la nuit par M. Emeringer, qui s'offrit courageusement pour servir de guide.

Le lendemain, avant l'aurore, l'adjoint de Rodemack et le commandant d'armes de ce poste entrent dans la forêt, suivent avec circonspection des sentiers sinueux, et, chaque fois qu'il s'agit de franchir une voie transversale, avant de passer outre, le cou et l'oreille tendus, ils examinent à droite et à gauche pour s'assurer que l'ennemi n'est pas là. Enfin, après cinq à six heures de marche, ils arrivent en face des fortifications de Thionville, où ils trouvent, à leur grande satisfaction, au lieu d'ennemis, des uniformes français et les figures sympathiques des habitants de la ville. Les voilà dans la place ; bientôt après ils sont au quartier-général.

Mis à l'instant en présence du général Hugo, celui-ci étonné de voir devant lui l'officier sur lequel il avait fait peser une grande responsabilité, dit avec le ton de commandement dont il savait si bien faire usage : « Mes émissaires m'ont assuré, hier et aujourd'hui, que la garnison de Rodemack avait bravement repoussé les prussiens ! En serait-il autrement, ou bien depuis, aurait-elle été victime de quelque ruse de guerre, et vous seriez-vous échappé des mains de l'ennemi? » Quelques explications suffirent pour éclaircir tous les doutes, et narration fut promptement faite des phases qui s'étaient produites pendant l'action. Le général apprit que la garnison avait eu affaire à un corps de troupes très considérable ; qu'elle avait su, avec ses faibles moyens, et malgré l'absence du secours annoncé par la lettre du 23, mettre hors de combat un grand nombre de prussiens ; mais qu'on manquait de données précises pour fixer le chiffre des assaillants et celui des pertes qu'ils avaient réellement essuyées ; (1) que l'ennemi avait pris possession du bourg ; qu'il avait proféré les menaces les plus violentes, et que ces menaces avaient produit le plus déplorable effet sur l'esprit de la troupe ; enfin il apprit qu'à défaut d'un prompt renfort la place de Rodemack allait bien certainement se trouver abandonnée.

Appréciant ce qu'une pareille position avait de critique, et reconnaissant qu'il n'y avait point de réplique sérieuse à opposer, le général avoua franchement que la violence du feu lui avait inspiré les craintes les plus vives sur le sort de la garnison de Rodemack, et que, s'il n'était point allé à son secours, la cause devait uniquement en être attribuée à la présence d'un corps d'armée bavarois, fort de 40 à 50,000 hommes, qui s'était avancé à marche forcée, et dont les avant-postes se trouvaient à

---

(1) C'est le 26 juin, au retour de Thionville, que la voix publique éleva les forces de l'ennemi devant Rodemack à dix mille bayonnettes, et à cinq cents celui de ses hommes mis hors de combat, ainsi qu'il est dit à la première partie de la notice.

quelques lieues seulement de la ville. Il ajouta qu'il ne pouvait, dans une pareille situation, augmenter, au-delà d'une compagnie, l'effectif de la garnison du fort de Rodemack.

Après avoir rappelé à M. Emeringer tous les services qu'il avait rendus jusqu'alors, le général Hugo nous retint à déjeûner. A peine à table, un grand bruit se fait entendre dans les antichambres, et un officier de place annonce la présence d'un parlementaire. Celui-ci, immédiatement introduit et placé à la droite du général, prend part tout militairement au déjeûner. Interpellé sur l'objet de sa mission, il déclara, en très bon français, qu'il venait, au nom du maréchal, prince de Wrède, sommer le gouverneur de la place de Thionville d'avoir à en ouvrir les portes dans les vingt-quatre heures ; que ce délai était suffisant pour évacuer la forteresse et, qu'à défaut d'obtempérer à la sommation du maréchal, le bombardement de la place commencerait le lendemain et continuerait aussi longtemps qu'il resterait une pierre sur une autre pierre. — Sur ces paroles, le général, évidemment ému, se lève brusquement, mais sans rien perdre de sa dignité ordinaire, et se dirige vers son appartement. Douze à quinze minutes écoulées, il reparaît en grande tenue, le chapeau sur la tête, et reprend sa place à table. A peine assis, il apostrophe d'un ton bref et dans ces termes le parlementaire bavarois : Colonel, me serai-je trompé, serais-je tombé dans une illusion assez grande pour croire que vous avez osé demander la reddition de la place de Thionville, avec menace de n'y pas laisser une pierre sur une autre pierre? — Vous ne vous êtes nullement trompé, général, reprit le parlementaire, et je confirme en tout point le langage de mon maréchal, le prince de Wrède. Après un instant de silence, le général est debout, et toujours le chapeau sur la tête, il dit : Il a donc oublié, votre maréchal, comment nous l'avons traité à Hanau : (1) il a donc également oublié que Hugo a écrit

____

(1) Napoléon, en voyant les dispositions prises par le prince de Wrède à la Bataille de Hanau, dit avec ironie: « Pauvre de Wrède, j'ai

sur la défense des places et que, proposer de rendre celle-ci avant que les boulets aient entièrement démoli nos remparts, c'est lui adresser l'injure la plus sanglante : dites bien cela au prince de Wrède. Puis le général ajouta : Suivez-moi, Messieurs !.... Les officiers de place, restés dans la première anti-chambre, se présentèrent pour bander de nouveau les yeux du parlementaire. Non, non, dit le général Hugo, je veux que le Colonel reconnaisse, de ses propres yeux, l'état dans lequel se trouve la place.

Arrivé dans la rue, le cortége peut à peine trouver passage à travers la foule attendant la sortie du parlementaire qui, quelques instants auparavant, avait traversé toute la ville et le fort. Cette foule se composait, on peut le dire, de la population et de la garnison tout entières. Parvenus à l'extrémité du fort, vers la porte d'Allemagne, deux bataillons de gardes-nationales sont postés contre le rempart, l'un à droite, l'autre à gauche de cette porte, qui est à l'instant ouverte et son pont-levis baissé. Les deux bataillons se mettent en mouvement et se dirigent, tambour battant, l'un vers le village de Haut-Sus et l'autre vers celui de Bas-Sus, localités situées dans le rayon de défense de la forteresse. Cette expédition militaire avait pour objet d'incendier, de raser ces deux villages, et d'empêcher l'établissement de batteries d'attaque derrière leurs murailles. Le feu est mis à la couverture en chaume de chaque maison, ensuite dans les bois de charpente et autres matières combustibles qui ont servi à l'édification des bâtiments. Tout est bientôt en flammes.

Pendant que ces mesures s'exécutaient, le général Hugo avait dirigé la conversation sur un tout autre sujet, et, lorsque le moment fut venu, rompant avec l'idée en cours, il dit du ton le plus solennel : vous voyez, Colonel, les mesures que je prends pour

---

pu le faire comte, mais je n'ai pu le faire général. » (*Histoire du Consulat et de l'Empire, tome 16, page 648.*)

aider à notre défense ; rendez compte à votre maréchal de tout ce qui se passe ici, et surtout, rappelez-lui que c'est Hugo qui commande à Thionville. Sur quoi, on se met en mouvement, on sort de la place, et le parlementaire, ainsi que la nombreuse escorte qui l'avait attendu, tourne le dos à la forteresse, au grand trot des chevaux.

L'ennemi ne parut pas devant Thionville. Quelques jours après, il avait franchi la Moselle, à trois lieues au-dessus de cette place, et se dirigeait, de malheureuse mémoire, dans l'intérieur de la France.....

Il est près de huit heures du soir, le cortége descend du fort et s'arrête devant le front de la compagnie de renfort promise le matin, et dont l'envoi à Rodemack est annoncé le même jour, 25 juin, au général Belliard, gouverneur de Metz, ainsi qu'il est dit aux pièces justificatives n° 1.

D'après ce qui s'était passé dans la journée, tout impressionné encore par les scènes dramatiques dont il venait d'être témoin, le narrateur de cette notice mit de nouveau en avant les motifs pour lesquels un plus grand nombre d'hommes était absolument nécessaire pour maintenir la garnison du petit fort, et surtout pour faire face aux éventualités que le blocus de Thionville allait évidemment produire. Le général, après avoir retourné ce dernier argument, ajouta qu'il avait besoin de tout son monde pour se défendre contre les bavarois, que rien ne serait changé, qu'il fallait faire pour le mieux avec ce que nous possédions, et que les militaires devaient toujours se confier avec résignation aux chances de la guerre. . . . .

Demi-tour à droite est fait dans ces conditions-là ; et nous arrivons bientôt à la forêt dans laquelle nous reprenons les sentiers suivis le matin, notre bon M. Emeringer en tête d'une colonne présentant cette physionomie curieuse, que son front se composait d'un seul homme. La lueur de l'incendie de Bas et Haut-Sus nous éclaire d'abord, mais bientôt elle ne produit à nos yeux étonnés que l'effet d'une aurore boréale. Pour compléter les péripéties de la journée du 25 juin 1815, il convient d'en ajouter une, qui mérite sans doute peu d'être rapportée, mais qui doit cependant trouver place ici parce qu'elle pourra peut-être égayer le lecteur. La nuit paraissait d'autant plus profonde que nous piétonnions sous la sombre épaisseur d'arbres séculaires et que notre guide ne pouvant consulter ni la tramontane, ni aucune autre étoile, déclara tout simplement qu'il ne savait où il fallait se diriger. Il y eut donc un temps d'arrêt, et la halte forcée qui en fut la suite donna lieu à beaucoup de suppositions, dont l'une obtint plus de crédit que les autres, c'est que l'ennemi barrait le passage. La cause de la halte ayant été communiquée de bouche en bouche jusqu'à la fin de la colonne, les éclats de rire remplacèrent un moment d'une bien légitime anxiété. M. Emeringer passa un temps assez considérable à se réorienter. Enfin, on se remit en marche, et l'on arriva au fort de Rodemack vers trois heures du matin.

Le renfort si impatiemment attendu fut loin d'être considéré comme suffisant, et ne ramena pas le calme dans les esprits. On sait que la forteresse de Thionville, à cette époque, ne fut ni investie, ni bloquée; que la garnison de Rodemack fut bientôt rappelée et comment elle fut reçue par les habitants et la garnison de cette ville.

Ici donc se termine la notice sur le combat de Rodemack. Mais avant de passer à un autre objet il convient de résumer les faits qu'elle contient.

En réfléchissant sur les nombreuses et importantes contradictions que présentent les pièces justificatives citées plus haut sur le nombre des assaillants, comme sur celui de leurs morts et de leurs blessés, l'esprit le plus vulgaire se trouve forcé de recon-

naitre que la version présentée par M. le maire de Rodemack
est véritablement la seule qu'il convient d'admettre. Les souvenirs des habitants de cette localité, leurs relations avec le pays
étranger, notamment avec la ville de Luxembourg , dont ils sont
peu éloignés ; en un mot, toutes les circonstances relatées par
cet honorable fonctionnaire, ont nécessairement dû produire à
l'époque une notoriété incontestable, aujourd'hui traditionnelle et
convertie en légende populaire.

« Trois mille assaillants et cinquante morts ou blessés ! » dit
d'abord le général Hugo, chiffres à la vérité un peu modifiés par
son second rapport.... — Mais la plaine située sur le front de la
place présente une surface très-considérable ; elle était cou-
verte d'artillerie et d'infanterie, sans parler des troupes qui
envahirent le bourg par le côté opposé au front de la place !....
— Mais le combat a eu lieu sous un beau soleil du mois de
juin, par le temps le plus calme, et depuis le fort, qui dominait
l'arène , la garnison tout entière a pu voir enlever un nombre
d'hommes, morts ou blessés, bien plus considérable que celui
qui est indiqué dans les rapports officiels ! ....

On pourrait citer le nom d'un certain nombre de gardes
nationaux qui , par leur adresse au tir du nouveau genre auquel
ils se livraient, et par leur imperturbable sang-froid, ont bien
certainement mis hors de combat un nombre de prussiens beaucoup plus considérable que celui indiqué dans le premier rapport de M. le général Hugo.

Il faut se borner à en citer deux.

M. Nilès, maire de la ville de Rodemack , apprend dans sa seconde et dernière lettre , en date du 16 juillet 1858 :

« Que le capitaine Tailleur, du village de Cattenom, doit être
» principalement cité parmi tous ceux qui se sont fait remarquer ;
» il a blessé grièvement un des généraux qui commandaient l'armée

» ennemie. On rapporte, en outre, que son adresse à la chasse
» étant connue des habitants du pays, plusieurs gardes nationaux
» étaient constamment occupés à lui charger les armes qu'il tirait,
» et qu'un grand nombre d'assaillants avaient été ses victimes.

Le caporal Prugneaux, surnommé bientôt « le bourreau des officiers prussiens » bon chasseur aussi, dès le début du feu, fixe sur
son œil gauche, pour être plus sûr de ses coups, un bandeau
qu'il conserve tant que dure le combat : il fait de son fusil un em-
ploi surprenant, et chaque fois que la fumée de la poudre s'élève
au-dessus des rangs, malheur à celui qui porte sur son uniforme
un signe distinctif ; il est aussitôt signalé aux voisins du caporal,
et cesse à l'instant de compter au nombre des assaillants. Pendant
l'action, un officier lui présente un flacon d'eau-de-vie : à peine
l'a-t-il porté à ses lèvres, qu'un boulet de canon atteint un ceri-
sier au pied duquel il s'était arrêté, et en jette la tige au loin. Malgré cet incident et la commotion occcasionée par le passage rapproché du projectile, cet homme intrépide dit avec le plus grand
calme, en remettant le flacon à son officier : « Le butor, il pensait
m'empêcher de boire ! »

Si en effet les prussiens n'avaient pas éprouvé des pertes considérables devant Rodemack, et si ce fort n'avait pas été pour eux
l'objet d'une grande déception, les assaillants eussent ils pu con-
cevoir la pensée d'en provoquer la destruction par la voie de la
diplomatie ? Non, plusieurs fois non ! . . . .

D'ailleurs, on a vu que M. le général Hugo, le 24 et même
le 25 juin, n'était pas encore pourvu de renseignements assez
certains pour faire des rapports exacts sur le fait d'armes qui
venait d'avoir lieu ; on a vu aussi de quelle nature étaient alors ses
préoccupations, et qu'en donnant avis de l'évènement au Ministre
de la guerre, il n'a pu agir que d'après les bruits vagues qui lui
étaient parvenus. Mais, en attendant, le lecteur judicieux a déjà

reconnu que tout ce qui est relatif à l'attaque du 24 n'a pu être officiellement éclairci, et que, s'il existe une lacune dans nos fastes militaires, sur ce point d'une importance remarquable, sa cause doit uniquement en être attribuée aux grands désastres qui ont accablé la France à l'époque néfaste de 1815.

Le lecteur, en jetant les yeux sur les pièces justificatives, n⁰ˢ 2, 3 et 4, reconnaîtra :

Que l'ennemi, en se présentant une seconde fois devant la place de Rodemack, en juillet 1815, se retira sans combat ;

Que c'est à la défense énergique des gardes nationales des départements de la Meurthe et de la Moselle, le 24 juin 1815, qu'il faut exclusivement attribuer la mesure diplomatique qui a ordonné le démentellement du fort de Rodemack ;

Que cette même défense a exercé la plus grande influence sur l'investissement dont la forteresse de Thionville était menacée vers la fin des Cent - Jours.

Enfin, que le fait d'armes de Rodemack, a tellement frappé l'attention de l'autorité supérieure, qu'elle a cru devoir appeler les bontés du roi SUR LES MILITAIRES FRANÇAIS QUI EN SORTIRENT LES VAINQUEURS.

En présence de faits aussi bien justifiés et d'une importance politique aussi surprenante, le narrateur de la notice sur le combat de Rodemack croit devoir accomplir un acte de justice bien mérité, en rendant, par la voie de la presse, un hommage public à la mémoire de ses compagnons d'armes qui ne sont plus, et en offrant au nom de la société, sans craindre d'être démenti, un témoignage de satisfaction et de reconnaissance nationale à ceux qui, malheureusement en petit nombre, comptent encore parmi les vivants.

Esprit public de la Lorraine à l'époque des cent-jours.

En apprenant le retour providentiel de l'Empereur Napoléon à Paris, l'esprit public s'éleva, avec la rapidité de l'éclair, à un degré de patriotisme militaire tel, que les commissions chargées d'organiser la garde nationale active furent obligées d'admettre dans les rangs de celle-ci des jeunes gens et des hommes âgés qui en étaient exclus par le décret qui ordonnait la création de cette nouvelle armée, la seule sur laquelle le gouvernement pût alors compter pour soutenir les efforts de celle qui se préparait à combattre les nombreux ennemis de la France. Les femmes elles-mêmes prirent part à l'enthousiasme général, et l'on vit beaucoup de dames accompagner leurs maris et entrer en campagne avec eux.

D'autres, mais en moins grand nombre, poussèrent l'esprit guerrier beaucoup plus loin ; elles se firent admettre parmi les gardes nationaux mobilisés, quittèrent conséquemment leur costume, endossèrent l'uniforme et se livrèrent avec le plus grand succès au maniement des armes. Il serait facile d'en citer plusieurs; néanmoins nous n'en signalerons qu'une seule, précisément en raison de la distinction de ses manières, de son esprit et de son éducation. M. Pellet, cet avocat si remarquable du barreau d'Épinal, cet homme bienveillant et si connu par des œuvres poétiques qui lui ont mérité la qualification de barde des Vosges, fut appelé aux fonctions de capitaine et dut faire partie de la garnison de Thionville. Madame Pellet, son héroïque épouse, a constamment rempli, près de lui, les fonctions de fourrier. Honneur à sa mémoire !

Narration de la mort du prince de Wagram.

Le rédacteur de la présente notice croit devoir communiquer à ses lecteurs quelques détails sur la catastrophe dont le prince de Wagram a été victime, bien qu'il n'ait à invoquer, pour justifier son récit et le rattacher à celui qu'il vient de terminer, que cette seule considération, c'est que ces détails lui ont été donnés par un maréchal russe lorsqu'il venait de quitter le fort de Rodemack. Il a d'ailleurs pensé que son nouveau récit donnant, suivant lui, des aperçus inconnus jusqu'alors sur la fin tragique de l'illustre défunt, ne pourrait manquer d'être accueilli avec intérêt.

En rentrant à Thionville, quelques jours après l'affaire du 24 juin, le narrateur exposa au gouverneur de la place qu'il avait besoin de se rendre à Paris et demanda l'autorisation de quitter la garnison. Le général Hugo s'empressa d'accéder à sa demande et lui fit ouvrir une des portes de la ville.

Arrivé sans encombre près de Pont-à-Mousson, un officier de cosaques, chef d'un poste d'observation, le fit conduire à l'état-major, où il fut à l'instant introduit près d'un général qui lui fit la meilleure réception. Après quelques paroles échangées, ce général lui apprit qu'il était français d'origine, que la révolution l'avait forcé à s'expatrier en Russie, où il avait obtenu du service, enfin qu'il était le prince Langeron. Il lui demanda ensuite, toujours de la manière la plus courtoise, s'il sortait de Metz ou de Thionville, et pourquoi il voyageait isolément. Prenant à son tour la parole, l'interlocuteur de ce personnage annonça qu'il avait été garde du corps du roi de France et qu'il était attaché à l'état-major de la compagnie commandée par le prince de Wagram.

Le maréchal, reprenant la parole, fit un résumé biogra-phique du prince Berthier, dans lequel il encadra ses talents militaires, sa position près du roi de France, sa mort récente, et termina par les paroles saisissantes que voici :

» Voilà comment doit s'attendre à finir tout homme qui se
» place dans une situation semblable à celle que le prince de Wa-
» gram s'est volontairement faite. »

Le colloque relevé, et le maréchal n'ayant rien voulu ajouter, pensant sans doute qu'il en avait déjà trop dit, l'entretien se termina par une invitation à déjeûner.

Quel changement, et quelle étrange position ! Un officier de garde nationale se trouvant à table à la droite d'un maréchal russe, au milieu d'un état-major nombreux dont les officiers de tous les grades parlaient facilement la langue française !

Après avoir pris congé, vers quatre heures, à la suite d'un se-cond entretien particulier, pendant lequel le maréchal parla avec affection de la France, de Napoléon, auquel il rendit la justice la plus impartiale, le narrateur se trouva enfin livré à lui-même. Les paroles solennelles du prince Langeron, toujours restées présentes à sa mémoire, l'affectèrent d'autant plus vivement que, la veille même, le général Hugo lui avait appris qu'un journal étranger venait d'annoncer la mort du prince de Wagram.

Ce journal disait que le prince, se trouvant sur le grand balcon du palais de Bamberg, avait éprouvé la plus agréable émotion en voyant passer une colonne de troupes étrangères se rendant, pour la seconde fois, en France ; que la belle tenue de ces trou-pes, leur allure martiale, lui avaient causé une joie si grande qu'il en avait perdu la tête ; qu'alors le buste entraînant les par-ties inférieures du corps, il était tombé sur le pavé, où il avait à l'instant rendu le dernier soupir.

Les journaux français, à la même époque, annonçaient que le prince de Wagram était en effet mort sur le balcon du palais de Bamberg, mais qu'il y avait succombé sous le coup d'une attaque d'apoplexie foudroyante.

La biographie Michaud dit aussi qu'il est mort sur le même balcon ; mais elle insinue l'idée que ce n'est ni à l'apoplexie, ni à la chûte racontée par le journal étranger qu'il faut attribuer la fin violente de cet homme célèbre.

En arrivant à Paris, le premier soin du narrateur fut de se rendre près de M. le baron de Ravenel, commissaire des guerres attaché à la compagnie Wagram et, de plus, chargé de la direction des affaires de sa famille. Après avoir entendu les détails qui précèdent, le baron s'écria : Ah! quel trait de lumière vous nous apportez ! . . . .

Abstenons-nous de toute réflexion..... Ici encore, laissons à l'illustre historien du Consulat et de l'Empire le soin d'apprécier les faits qui viennent d'être relatés.

Château de Moutrot, près de Toul (Meurthe), le 16 août 1858

Le Commandant d'armes du fort de Rodemack,